자두의 과학일기

자두의 과학일기 [지구와 달]

2017년 7월 20일 초판 1쇄 발행
2023년 1월 30일 초판 7쇄 발행

글 | 서지원
그림 | 장여회

발행인 | 정동훈
편집인 | 여영아
편집 | 김지현, 김학림, 김상범, 변지현
미술 | 김지수
제작 | 김종훈
발행처 | (주)학산문화사
등록 | 1995년 7월 1일 제3 - 632호
주소 | 서울시 동작구 상도로 282
전화 | (편집)02-828-8873, 8823 (주문)02-828-8962
팩스 | 02-823-5109
http://www.haksanpub.co.kr

ⓒ이빈, 서지원, 장여회 2017
ISBN 979-11-256-5037-9 74400
　　　979-11-256-5033-1 (세트)

※ KC마크는 이 제품이 공통안전기준에 적합하였음을 의미합니다.
※ 이 책은 저작권법에 따라 한국 내에서 보호받는 저작물이므로 무단 전재와 무단 복제를 금합니다.
　 이 책의 전부 또는 일부를 이용하려면 반드시 저작권자와 출판사의 동의를 받아야 합니다.
※ 잘못된 책은 바꾸어 드립니다.

안녕 자두야 과학일기

자두가 가장 궁금해하는
지구와 **달** 상식 25가지

【 지구와 달 】

채우리

| 머리말 |

지구가 아프지 않게 지켜 주세요!

옛 사람들은 지구가 둥근 모양인지 몰랐어요.

어떤 사람들은 하늘은 둥근 천장 모양이고, 땅은 평평한 판처럼

생겼다고 믿었지요. 또 어떤 사람들은 땅은 평평하고,

하늘에는 별들이 매달려 있는 높은 봉우리가 있다고 믿었어요.

인도 사람들은 엄청나게 큰 코브라 위에 거북이가 올라 타 있고,

그 위에 세 마리의 코끼리가 땅을 떠받들고 있다고 생각했어요.

그래서 사람들은 우주로 날아가서 지구의 모습을 확인해

보고 싶어 했어요.

사람들은 결국 우주선을 쏘아 올렸고 우주에서 지구의

모습을 볼 수 있게 됐답니다.

우주에서 본 지구는 수많은 생명들이 살고 있는 신비롭고
아름다운 곳이지요. 하지만 지구는 지금 아프답니다.
열이 펄펄 나는 지구 온난화를 겪고 있고, 미세먼지가 풀풀
날리면서 우리의 삶을 위협하고 있어요.
지구가 아픈 것은 사람들이 지구를 오염시켰기 때문이에요.
우리가 살고 있는 아름다운 지구를 잘 보호하려면
지구와 달에 대해 잘 알아야겠지요?
지구가 아프지 않도록 우리 함께 관심을 깆도록 해요.

서지안

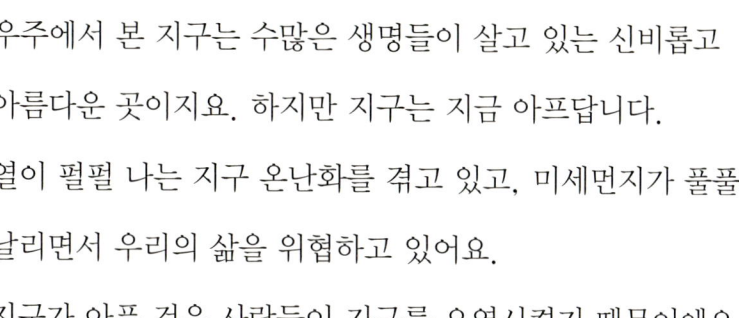

| 차례 |

1장 지구의 역사

나이 자랑 · 10
지구는 몇 살이에요?

아깝다! · 14
옛날에는 대륙이 하나였다고요?

공룡 엄마 · 18
공룡은 왜 사라진 걸까요?

호박 화석 · 22
지구의 옛날 모습을 어떻게 알 수 있는 거죠?

2장 지구의 생김새

엄청난 보물 · 28
나침반은 왜 항상 북쪽과 남쪽을 가리키나요?

극지방에 가고 싶어 · 32
북극이랑 남극은 왜 추울까요?

북극곰이 찾아왔어요 · 36
지구에 있는 얼음이 다 녹으면 어떻게 될까요?

얕보지 마! · 40
돌멩이랑 모래, 흙은 어떻게 생긴 걸까요?

아껴 쓰라고 · 44
우리나라는 삼면이 바다인데 왜 물이 부족한가요?

용궁 구경 가는 길 · 48
바닷속은 어떻게 생겼나요?

과학적인 민지 · 52
지구는 왜 둥근 모양일까요?

금세 밤 · 56
우리는 왜 지구가 움직이는 걸 못 느낄까요?

3장 지구의 변화와 자연 현상

땅을 파면 · 62
땅 밑에는 뭐가 있나요?

돌돌이 때문에 · 66
지진은 왜 일어나는 걸까요?

폭발 직전 · 70
백두산 화산이 폭발할 수 있나요?

화가 토네이도처럼! · 74
우리나라에는 왜 토네이도가 일어나지 않아요?

노란 구름 · 78
왜 노란색, 분홍색 구름은 없을까요?

철없는 자두 · 82
사계절은 우리나라에만 있나요?

소원을 이루어 주세요 · 86
오로라는 천사가 만든 기적이 아니라고?

4장 지구와 달

크레이터 같은 얼굴 · 92
달엔 왜 구멍이 뽕뽕 나 있나요?

달의 요정 자두 · 96
달에선 뚱뚱한 사람도 가벼워진다고요?

살려 주세요! · 100
밀물과 썰물은 왜 생기는 건가요?

달이 사라졌어! · 104
태양이링 달이 사라지기도 하나요?

억, 내 얼굴! · 108
달은 왜 모양이 변하나요?

따라오지 마 · 112
달은 왜 지구 주변을 빙글빙글 도나요?

1장
지구의 역사

01 나이 자랑
지구는 몇 살이에요?

02 아깝다!
옛날에는 대륙이 하나였다고요?

03 공룡 엄마
공룡은 왜 사라진 걸까요?

04 호박 화석
지구의 옛날 모습을 어떻게 알 수 있는 거죠?

[지구의 나이]

나이 자랑

8월 28일 월요일 | 날씨 마그마만큼 뜨거운 날

윤석이가 나보다 생일이 두 달이나 늦다는 걸 알게 됐다. 나는 윤석이한테 앞으로 누나라고 부르라고 했다. 윤석이는 그런 법이 어디 있냐고 따졌지만 나는 엄격하게 말했다. 두 달이긴 하지만 먼저 태어났으니까 누나 대접을 해야 한다고 말이다. 그러자 윤석이는 내가 나이 많은 '지구'에게 할아버지 대접을 깍듯하게 하면 자기도 내게 누나 대접을 해 주겠다고 했다.
그런데 지구는 도대체 몇 살이나 된 걸까?

알짜배기 과학 상식

지구는 몇 살이에요?

맨 처음 지구는 어떻게 생겨났고, 46억이라는 어마어마한 시간 동안 지구는 어떻게 변해 왔을까?
지구를 연구하는 지질학자들은 지구가 맨 처음에는 우주를 떠도는 아주 작은 먼지 덩어리였을 거라고 추측한단다.
우주를 떠다니던 작은 먼지들은 서로 한데 뭉쳐 커다란 먼지 구름이 됐을 거야. 먼지 구름이 모일수록 끌어당기는 힘도 세지겠지.
먼지 구름은 점점 커지고, 점점 더 세져서 마침내 먼지뿐만이 아니라 우주를 떠다니던 혜성이나 우주 파편들까지 끌어당기게 됐을 거야. 그렇게 점점 더

얘들아! 지구가 마그마 덩어리였어!!

단단해졌겠지.

　이렇게 모인 우주 파편들은 서로 한데 얽혀 열을 내게 됐을 거야. 그 바람에 온도가 점점 더 높아지게 됐을 거고, 암석들이 녹기 시작했겠지. 머지않아 지구는 마그마로 뒤덮인 빨간 덩어리가 됐을 거야.

　그러면서 무거운 금속들은 마그마 아래로 가라앉아 핵이 되고, 금속보다 가벼운 규산염 물질들은 마그마 위로 떠올라 핵을 감싸는 맨틀을 이루게 됐지. 이 과정을 수십억 년 동안 거치면서 지구는 점점 더 크고 단단한 별이 된 거야.

우와~ 먼지가 지구가 되다니!!!

[대륙 이동설]

아깝다!

| 8월 29일 화요일 | 날씨 소나기가 내린 날 |

책을 읽다가 대륙 이동설에 대해 알게 됐다. 옛날에는 유럽과 오세아니아, 아프리카 같은 대륙들이 모두 하나의 큰 덩어리였다고 한다. 아, 땅이 커다란 덩어리였다면 지금처럼 여러 나라 말이 생길 필요가 없었을 텐데! 괜히 대륙이 이동하는 바람에 영어, 일본어, 중국어 등등 여러 개의 외국어가 생긴 것 같아 속이 상한다. 그런데 그 커다란 땅덩어리가 왜 지금처럼 떨어지게 된 걸까?

옛날에는 대륙이 하나였다고요?

처음 만들어진 원시 지구에는 바다가 없었어. 지금의 바다가 생기고 유럽과 아시아를 이루고 있는 커다란 유라시아 대륙과 아메리카, 아프리카, 오세아니아 대륙이 만들어진 건 겨우 1억 년밖에 되지 않는단다.

와, 그 사이에 어떤 일이 있었던 걸까요?

처음 지구가 만들어졌을 때 땅속엔 아주 뜨거운 마그마가 들끓고 있었어. 그 마그마는 지구 표면 중 지각이 얇은 곳을 뚫고 나오곤 했단다. 이렇게 마그마가 밖으로 뿜어져 나오는 것을 화산 활동이라고 해. 화산 활동이 일어나면

뜨거워!!!

윽, 마그마!!

엄청난 수증기가 동시에 뿜어져 나오곤 했단다.

그러던 어느 날, 갑자기 지구의 온도가 내려가게 됐어. 그러자 지구 하늘을 잔뜩 뒤덮고 있던 수증기는 모두 비가 되어 떨어졌지. 엄청난 양의 빗물이 땅에 고이기 시작했고, 거대한 바다와 강을 이루었단다. 그렇게 지구엔 바다와 강, 대륙과 산맥이 생겨나게 됐어.

이렇게 만들어진 육지는 처음엔 하나의 커다란 덩어리였어. 그런데 시간이 지나면서 서서히 움직이기 시작해 지금처럼 여섯 개의 대륙으로 쪼개지게 됐지.

이렇게 대륙이 움직여 오늘날과 같은 대륙의 모양이 된 것을 '대륙 이동설'이라고 해.

실제로 남아메리카의 동쪽 해안선과 남아프리카 서쪽 해안선을 연결해 보면 처음부터 하나였던 것처럼 딱 맞아떨어진단다.

[공룡의 멸종]

공룡 엄마

8월 30일 수요일 | 날씨 언제쯤 여름이 끝날까?

길을 가다가 우연히 엄청 큰 알을 주웠다. 나는 그 알이 틀림없이 공룡의 알이라고 생각했다. 그런데 사람들은 모두 아닐 거라며 비웃었다. 나는 알을 부화시키기로 마음먹었다. 공룡이 태어나면 모두 놀라서 내 말을 믿게 되겠지? 나는 엄마처럼 정성스럽게 알을 보살펴 줬다. 그런데 며칠 만에 알에서 태어난 건 공룡이 아니라 타조였다. 틀림없이 공룡의 알일 거라고 생각했는데! 그런데 공룡은 왜 사라진 걸까?

공룡은 왜 사라진 걸까요?

> 만화나 영화에 보면 공룡이 살았다고 하는데 지금은 볼 수가 없잖아요. 공룡들이 모두 어디로 간 거죠?

> 인간이 세상에 나타나기 전에 가장 오랫동안 지구를 지배했던 생명체는 공룡이었지. 그런데 어느 날 공룡이 모두 사라져 버리고 말았단다.

약 2억4천만 년에서 6천5백만 년 전까지를 중생대라고 하지. 이 중생대가 이어졌던 약 2억 년 동안 지구엔 1,000종이 넘는 다양한 공룡이 살고 있었어. 그런데 6천5백만 년 전 무슨 일이 일어났는지 그 많던 공룡이 지구에서 갑자기 사라져 버렸단다. 공룡은 왜

감쪽같이 지구에서 사라진 것일까?

　많은 과학자들은 6천5백만 년 전 지구에 커다란 운석이 부딪혔기 때문이라고 생각하고 있어. 지구에 커다란 운석이 날아와 부딪히면서 엄청난 먼지 구름이 만들어졌을 거야. 과학자들은 그 먼지 구름이 태양을 가려 버리고 말았을 거라고 추측하지. 햇볕이 사라지고, 갑자기 기온이 내려가게 되자 식물들이 살 수가 없게 된 거야.

　그러자 풀을 먹고 사는 초식 공룡도 먹이를 구하지 못해 굶어 죽게 됐단다. 초식 공룡이 모두 죽자, 그들을 잡아먹고 사는 육식 공룡도 죽음을 피할 수 없었지.

[화석]

호박 화석

| 8월 31일 목요일 | 날씨 체험 학습하기 딱 좋은 날 |

선생님이 호박 화석을 보여 주겠다고 하셨다. 나는 잔뜩 기대하고 있었다. 오래된 호박은 과연 어떤 모습일지 궁금했기 때문이었다. 그런데 선생님이 보여 준 화석은 상상한 것이랑은 완전 달랐다. 주먹만 한 돌멩이였던 것이다. 나는 실망해서 "우!" 하고 소리쳤다. 그러자 선생님은 이 호박 화석이 지구의 옛 모습을 알 수 있는 귀한 자료라고 말씀하셨다. 화석으로 지구의 옛 모습을 알 수 있다고? 대체 어떻게 알아보는 것일까?

알짜배기 과학 상식

지구의 옛날 모습을 어떻게 알 수 있는 거죠?

아주 먼 옛날부터 지금까지 쭉 살아서 지구가 어떻게 변했는지 본 사람이 없잖아요. 그런데 어떻게 옛날 지구 모습을 자세하게 알 수 있는 거죠?

지구가 어떻게 만들어졌으며, 어떤 역사를 가지고 있는지 연구하는 과학자들을 지질학자라고 한단다. 지질학자들은 '화석'을 통해 지구의 과거 모습을 알아내지.

화석이 무엇이냐고? 화석은 아주 오래전 지구에 살았던 생물의 흔적이란다. 예를 들어 아주 커다란 공룡이 죽음을 맞이했다고 치자. 공룡의 몸은 썩어서 뼈만 남겠지?

그 뼈 위에 흙과 먼지 같은 퇴적물이 쌓이고 오랜 시간이 지나면 어떻게 될까? 뼈는 그대로

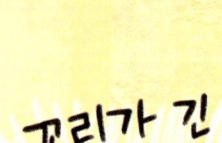
꼬리가 긴 공룡이었어!

남아 있는 채로 굳어져서 공룡이 살았던 때의 모습을 추측할 수 있게 돼. 이것을 바로 화석이라고 하는 거란다.

지질학자들은 지층과 화석을 연구해서 지구의 역사를 알아내고 있어. 화석을 이용하면 화석이 묻혀 있던 주변에 어떤 생명체가 살았는지, 환경은 어떠했는지 예측할 수 있거든.

얼음 속에 그대로 남아 있는 매머드라든지, 호박 속에 들어 있는 곤충은 모양이 거의 완벽하게 보존돼 있기 때문에 그 시대를 연구하는 과학자들에게 아주 귀중한 자료가 되고 있지.

2장 지구의 생김새

01 엄청난 보물
나침반은 왜 항상 북쪽과 남쪽을 가리키나요?

02 극지방에 가고 싶어
북극이랑 남극은 왜 추울까요?

03 북극곰이 찾아왔어요
지구에 있는 얼음이 다 녹으면 어떻게 될까요?

04 얕보지 마!
돌멩이랑 모래, 흙은 어떻게 생긴 걸까요?

05 아껴 쓰라고
우리나라는 삼면이 바다인데 왜 물이 부족한가요?

06 용궁 구경 가는 길
바닷속은 어떻게 생겼나요?

07 과학적인 민지
지구는 왜 둥근 모양일까요?

08 금세 밤
우리는 왜 지구가 움직이는 걸 못 느낄까요?

[나침반]

엄청난 보물

| 9월 1일 금요일 | 날씨 바람이 솔솔 분 날 |

아빠는 우리 집에 대대로 내려오는 보물이 있다고 했다. 바로 나침반이라는 것이다. 지금은 나침반이 엄청 흔하지만, 옛날엔 몹시 귀해서 함부로 살 수가 없었다고 한다. 뱃사람들은 서로 이 나침반을 가지려고 싸웠을 정도였다나. 나침반이 그렇게 비쌌던 이유는 방향을 알 수 있게 해 주기 때문이라고 했다. 그런데 나침반은 왜 항상 북쪽과 남쪽을 가리키는 거지?

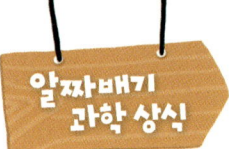 알짜배기 과학 상식

나침반은 왜 항상 북쪽과 남쪽을 가리키나요?

옛날 사람들은 나침반을 마법의 돌이라고 불렀다면서요?

그래, 특히 뱃사람들이 나침반을 아주 신성한 마법의 도구라고 믿었다지. 나침반만 있으면 방향을 잃지 않고 목적지에 도착할 수 있으니 그렇게 부를 만도 했지.

나침반의 바늘은 항상 북쪽과 남쪽을 가리키고 있어. 도대체 왜 그런 거냐고? 그건 나침반의 바늘로 쓰이는

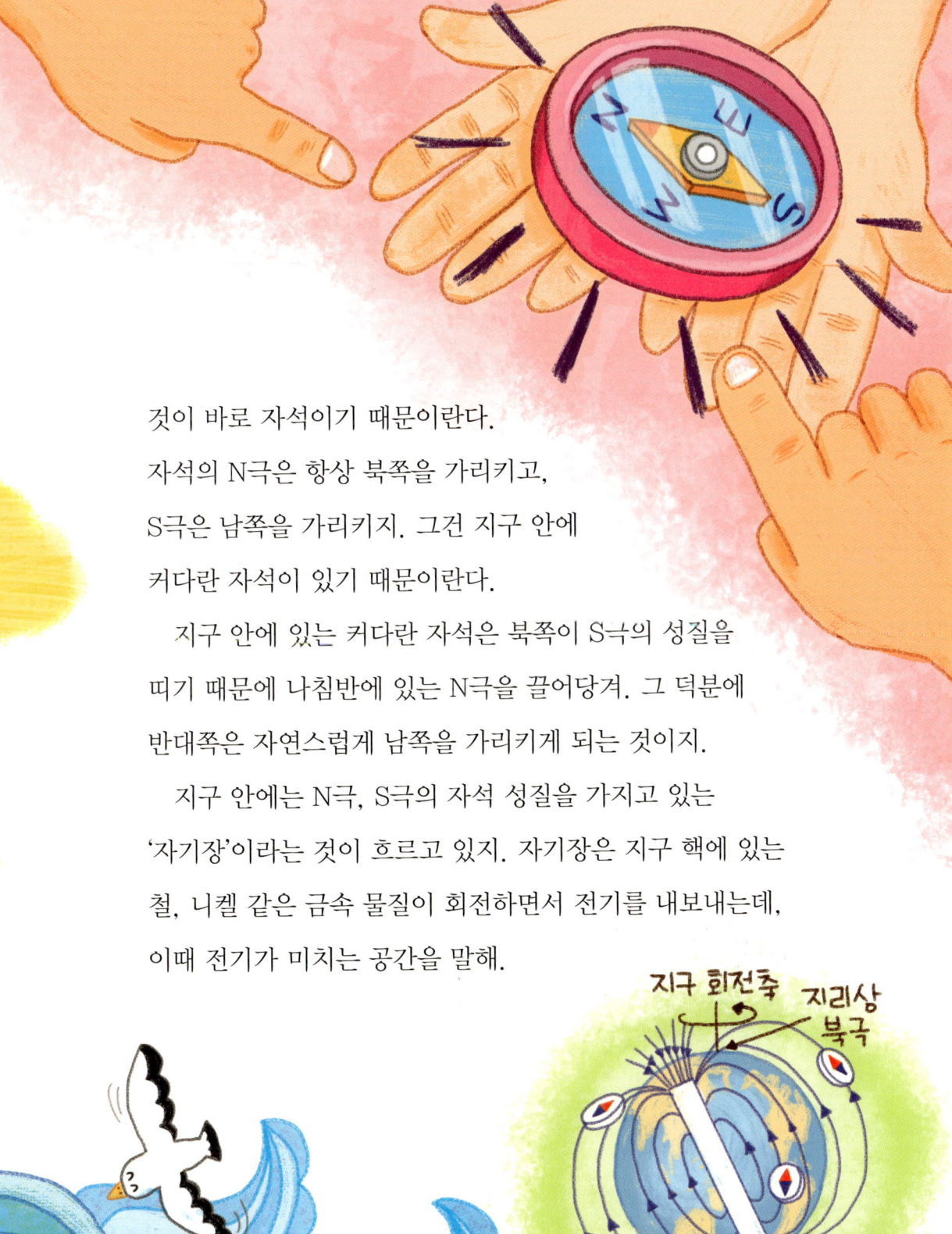

것이 바로 자석이기 때문이란다.
자석의 N극은 항상 북쪽을 가리키고,
S극은 남쪽을 가리키지. 그건 지구 안에
커다란 자석이 있기 때문이란다.

지구 안에 있는 커다란 자석은 북쪽이 S극의 성질을
띠기 때문에 나침반에 있는 N극을 끌어당겨. 그 덕분에
반대쪽은 자연스럽게 남쪽을 가리키게 되는 것이지.

지구 안에는 N극, S극의 자석 성질을 가지고 있는
'자기장'이라는 것이 흐르고 있지. 자기장은 지구 핵에 있는
철, 니켈 같은 금속 물질이 회전하면서 전기를 내보내는데,
이때 전기가 미치는 공간을 말해.

[극지방]

극지방에 가고 싶어

| 9월 4일 월요일 | 날씨 9월인데도 아직 덥다! |

오늘은 날씨가 무척 더웠다. 에어컨을 틀고 싶었지만 엄마가 리모컨을 주지 않았다. 구두쇠, 자린고비 엄마!

에어컨은 도대체 왜 산 건지 모르겠다. 아, 이렇게 더울 때는 북극이나 남극에 가서 살고 싶다! 거긴 한여름에도 냉동실보다 춥다니까 더워서 잠을 설치는 일도 없을 텐데. 그런데 북극과 남극은 왜 추운 거지?

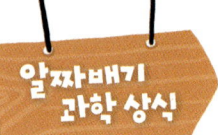

북극이랑 남극은 왜 추울까요?

> 북극이랑 남극은 왜 1년 내내 겨울이죠? 따뜻한 날은 없는 건가요?

> 지구를 공이라고 생각했을 때, 가운데 부분이 적도란다. 그리고 극지방은 적도에서 가장 먼 곳이지.

극지방은 왜 추운 걸까? 그건 지구가 둥글기 때문에 생기는 현상이란다. 가운데 적도 부분은 태양 빛을 많이 받아서 온도가 높고, 적도에서 멀어질수록 태양 빛의 세기가 약해져서 온도가 낮아지기 때문이지.

태양 빛은 직선으로 날아와 지구 표면에 닿게 돼. 그런데 극지방과 적도 지역에서 받는 태양 빛의 세기가 달라. 태양에서 지구로 보내는 빛의 양은 같지만,

북극에 온 걸 환영해~!!

빛이 닿는 면적이 다르기 때문이란다.
자, 이 그림을 보면 쉽게 이해가 될 거야.

들어오는 두 에너지량은 같다

같은 양의 햇빛이 날아와도 적도보다
북극에서 받는 햇빛의 세기가 달라요.

북극
넓이가 넓다
적도
넓이가 좁다
남극

어길 봐. 동그랗게 구부러진 곳일수록 빛이 닿는 면적이
더 넓어지지? 그러면 받는 에너지의 양이 작아지는 거야.
지구에서 가장 많이 구부러진 부분은 북극과 남극에
해당한단다. 이 두 극지방은 태양
에너지 양을 가장 적게 받으니
추울 수밖에 없지.

으~
에너지를 덜받아
춥구나 T.T

빙하
북극곰이 찾아왔어요

| 9월 5일 화요일 | 날씨 북극 얼음도 녹을 것 같은 날 |

길을 가다가 쓰레기를 버렸다. 민지가 쓰레기를 함부로 버리면 안 된다고 잔소리를 했다. 밥을 먹다가 먹기 싫어서 음식을 남겼다. 민지가 음식물 쓰레기도 버리면 안 된다고 잔소리를 했다. 왜 그래야 하냐니까 지구가 오염되면 될수록 기온이 높아진다는 것이다. 그러면 극지방의 얼음이 다 녹아서 큰일이 난다나. 그런데 지구에 있는 얼음이 다 녹으면 어떻게 될까?

알짜배기 과학 상식

지구에 있는 얼음이 다 녹으면 어떻게 될까요?

빙하는 오랫동안 내린 눈이 녹지 않고 쌓여서 단단해진 얼음 덩어리를 말한단다. 남극이나 북극의 그린란드에는 하나의 대륙을 이룰 만큼 어마어마한 양의 빙하가 쌓여 있지.

윽, 그 커다란 빙하가 녹으면 어떻게 되는 거예요? 지구가 모조리 물에 잠기나요?

빙하는 바다에만 있는 게 아니야. 육지의 높은 산에도 빙하가 있지. 만약 육지의 빙하가 전부 녹게 된다면 지구의 바닷물 높이가 약 30cm 정도 높아진다고 해.

고작 바닷물의 높이가 30cm 높아진다고 해서 우리 삶에 큰 변화가 있을까 하고 갸우뚱할 수도 있을 거야. 하지만 바닷물의 높이가 조금만 높아져도 엄청난 일이 벌어진단다. 예를 들어서 일본 같은 경우엔 바닷물이 그 정도 높아진다면 국토의 대부분이 물에

잠기게 될 거야.

　만약 남극과 북극의 빙하까지 모조리 녹아 버린다면 바다의 높이가 약 60cm 이상 높아진다고 해. 그러면 북유럽의 도시 대부분이 물에 잠기게 된단다.

　빙하가 모두 녹게 되면 지구의 기후에도 큰 변화가 오게 돼. 물은 빛을 흡수하지만 얼음은 빛을 반사하는 성질이 있지. 빙하는 지구로 들어오는 햇빛 중 일부를 반사시키는 역할을 한단다. 그런 빙하가 녹아 버리면 햇빛이 모두 바닷물에 흡수될 거고, 지구의 온도가 더 빠른 속도로 올라가게 될 란다.

[풍화 작용]

얕보지 마!

| 9월 6일 수요일 | 날씨 하늘이 무척 맑은 날 |

나는 세상에서 가장 쓸모없는 게 바로 모래라고 생각했다.

큰 돌이라면 집을 짓거나 조각품을 만들 때 쓸 텐데, 모래는 작아서

무얼 만들기가 힘들다. 그러니 아무 쓸모가 없는 것이 아닐까.

그런데 모래가 옛날엔 아주 커다란 바위였다고 한다. 시간이

지나면서 점점 작아지게 된 거라나. 대체 그 커다란 바위가 어떻게

모래처럼 작아지게 된 걸까?

알짜배기 과학 상식

돌멩이랑 모래, 흙은 어떻게 생긴 걸까요?

운동장에 있는 흙이랑 모래가 수천 년 전에는 아주 커다랗고 단단한 바위였다는 걸 알고 있니?

우아, 정말요? 상상이 안 가요!

우리가 쉽게 볼 수 있는 얇고 고운 흙가루는 수천 년 전까지만 하더라도 커다랗고 단단한 바위 덩어리였단다. 그 큰 바위가 오랫동안 비바람에 의해

깎이고 갈라져 지금처럼 작아진 것이지.

　물론 한꺼번에 작은 알갱이의 흙이 되는 건 아니란다. 커다란 바위는 갈라져 돌덩어리가 됐다가 점점 작은 돌멩이가 되고, 그것이 더 잘게 부서져서 모래가 되고, 또 그것이 더 잘게 부셔져 흙이 된 것이지. 큰 바위가 이렇게 바람이나 비, 햇볕 등에 의해 깎이고 부서지는 과정을 풍화라고 해.

　풍화돼 잘게 부서진 돌멩이와 모래, 흙은 빗물에 쓸려 내려가기도 하고, 산이나 언덕 아래로 굴러가기도 하지. 이것을 퇴적물이라고 한단다. 오랜 세월을 거치는 동안 땅에 차곡차곡 쌓인 퇴적물은 다시 굳어져서 바위로 변하게 되지. 퇴적물이 쌓여서 만들어진 바위는 퇴적암이라고 해.

[물]
아껴 쓰라고

9월 7일 목요일 | 날씨 오랜만에 비가 온 날

구두쇠인 우리 엄마는 자나 깨나 아끼라고 잔소리를 한다. 전기도 아끼고, 기름도 아껴야 한다고 한다. 그리고 물도 아끼라며 잔소리, 잔소리! 나는 엄마가 물을 아끼라고 할 때마다 이해가 되지 않는다. 우리나라엔 바다도 많고, 강도 많고, 계곡도 많은데. 왜 자꾸 물을 아껴야 한다는 건지 모르겠다. 도대체 물이 왜 부족하다는 것일까?

알짜배기 과학 상식

우리나라는 삼면이 바다인데 왜 물이 부족한가요?

지구를 우주에서 바라보면 푸른빛을 띠지. 그건 지구의 70%가 물로 덮여 있기 때문이란다.

물이 그렇게나 많은데 왜 사람들은 물이 부족하다고 하는 거예요?

그건 지구에 있는 물 중에 사람이 쓸 수 있는 물이 얼마 되지 않기 때문이란다. 지구에 있는 물의 97%는 바닷물이거든. 사람이 쓸 수 있는 물은 육지에 고여 있는 물인데, 이것은 전체의 약 3%밖에 되지 않아.

바닷물은 육지 물에 비해 염화나트륨이 많이 들어 있지. 염화나트륨은 소금을 화학 기호로 표시한 이름이야.

소금이 들어 있는 물은 식수로 쓸 수도 없고, 생활에 이용할 수도 없고, 산업용으로도 쓸 수가

없지. 그러니 물이 부족할 수밖에 없는 거란다.

게다가 땅에 있는 3%의 물도 모두 사람이 쓸 수 있는 상황이 아니야. 육지 물의 2/3는 남극이나 북극에 빙하 형태로 꽁꽁 얼어붙어 있거든. 결국 사람이 실제로 먹고 쓸 수 있는 물은 겨우 전체 물 가운데 1%밖에 되지 않는 셈이지.

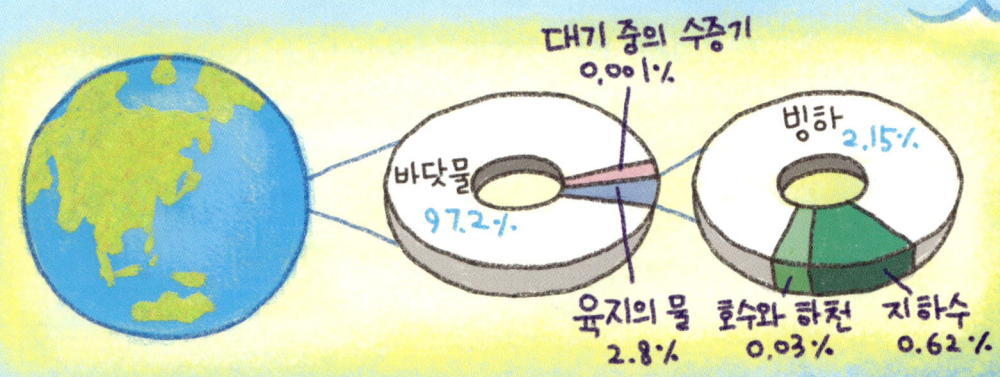

지구에 있는 물 중 사람이 사용할 수 있는 물은 전체의 1%밖에 되지 않아요.

[바닷속의 모습]

용궁 구경 가는 길

| 9월 8일 금요일 | 날씨 점심 먹고 나른해서 졸은 날 |

오늘은 바다에 관한 책을 읽었다. 바닷속은 평평할 줄 알았는데, 그 속에도 육지랑 똑같이 산도 있고, 들판도 있고, 평야도 있다고 한다. 가만히 생각해 보니 물고기들은 사는 게 엄청 힘이 들 것 같다. 바다엔 지하철도 없고, 버스도 없으니까 다른 데로 가려면 산도 넘어야 하고, 들판도 지나야 하고, 평야도 가로질러야 할 것이 아닌가. 차라리 육지에 사는 게 훨씬 편한 것 같다. 그런데 아주 깊은 바닷속에 산이나 들판이나 골짜기는 왜 생긴 걸까?

알짜배기 과학 상식

바닷속은 어떻게 생겼나요?

 바닷속은 어떤 모양이에요? 아주 평평하고 넓을까요? 아니면 울퉁불퉁할까요?

 바닷속도 땅처럼 어떤 곳은 평평하고, 어떤 곳은 울퉁불퉁하고, 어떤 곳은 높은 산이 솟아올라 있고, 어떤 곳은 움푹 꺼져 있기도 하단다.

지구가 맨 처음 만들어졌을 때는 바다라는 게 없었어. 그런데 화산 활동이 시작되면서 땅이 뒤틀려 높게 치솟은 산이 되기도 하고, 높은 언덕과 낮은 골짜기가 생겨나기도 했지. 커다란 땅덩어리끼리 부딪혀 산맥이 되기도 했어. 그러니 바닷속 모양도 땅과 비슷할 수밖에 없는 거란다.

바닷속을 살펴보면 땅과 마찬가지로 낮은 산과 평야, 깊은 골짜기가 있어. 바닷속에

바다에도 산이 있어. '해산'이라고 부르지.

해산

이곳은 바다의 평야 '해저평원'이야~!

해저평원

있는 산은 '해산', 평야는 '해저 평원', 깊은 골짜기는 '해구'라고 부르지.

　지구에서 가장 깊은 바닷속은 태평양의 마리아나 제도 근처라고 해. 마리아나 제도 북서쪽 바닷속에 있는 해구 가운데 가장 깊은 곳은 깊이가 1만 1천 미터가 넘는다고 해. 해구의 가장 깊은 골짜기는 '해연'이라고 하는데, 이곳은 소련의 비티아즈 호가 처음 발견했다 해서 '비티아즈 해연'이라 부르지.

[지구의 모양]

과학적인 민지

9월 11일 월요일 | 날씨 그래도 아직은 더운 날

민지가 지구를 그려 보라고 했다. 나는 동그란 모양을 그렸다. 그러자 민지는 별을 그려 보라고 했다. 나는 ★ 모양을 그렸다. 그걸 본 민지가 잘난 체하며 말했다.

"자두야, 별도 지구처럼 동그란 모양이야. 우리가 그리는 별 모양은 사실 진짜 별 모양이 아니야."

민지의 말을 듣고 보니 맞는 말 같았다. 그런데 왜 별은 ★ 모양으로 그리게 된 걸까? 그리고 지구는 왜 둥근 모양이지?

알짜배기 과학 상식

지구는 왜 둥근 모양일까요?

별은 이런 ★ 모양이잖아요. 지구도 별이라는데 왜 둥근 모양인 거죠?

 우리가 그림으로 그리는 별 모양은 멀리 보이는 별이 빛나는 걸 표현한 것일 뿐이란다. 우주의 별과 행성은 동그랗지.

처음 별모양을 ☆로 하자고 주장했던 건 그리스의 수학자 '피타고라스'라고 해. 피타고라스는 반짝이는 밤하늘을 가장 아름답고 완벽한 도형으로 표현하고 싶었어. 오랫동안 연구를 거듭한 피타고라스는 오각형의 양 끝을 이어서 ☆모양을 만들어 보기로

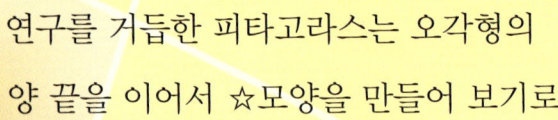

황금 분할을 이용해 가장 아름다운 모양을 만들었지!

중력과 회전력이 나를 둥글게 만들었어

했어. 그러자 매우 안정적이고 아름다운 모양이 완성됐지.

실제로 ☆모양은 황금 분할을 이용해 물체가 가장 아름다워 보이는 비율로 그려진 것이란다. 하지만 실제 행성이나 별은 ☆모양이 아니라 둥근 모양이란다.

그렇다면 왜 둥근 모양이 됐을까? 그건 바로 '중력'과 '회전력' 때문이란다. 행성이나 별은 우주를 떠돌아다니는 먼지와 여러 가지 물질, 가스 따위의 기체가 뭉쳐 만들어진 것이지. 그것들은 서로 끌어당기는 강한 힘 때문에 덩어리를 이루게 됐고, 점점 더 크게 뭉쳐서 주변의 것을 끌어당기게 됐어.

이렇게 해서 뭉쳐진 물질들은 안정된 형체를 유지하기 위해 회전하기 시작했단다. 회전을 하면 할수록 여러 가지 물질들은 가운데를 중심으로 하여 단단하게 뭉쳐질 수 있었지.

[지구의 자전]

금세 밤

9월 12일 화요일 | 날씨 어느새 낮이 짧아졌다!

돌돌이랑 PC방에 갔다. 게임을 조금만 하려고 했는데 하다 보니까 금세 밤이 돼 버렸다. 엄마는 밤이 될 때까지 놀다가 들어왔다며 마구 꾸중하셨다. 나는 두 번 다시 어두워질 때까지 놀지 않겠다고 각서를 썼다. 낮이었다가 밤이 되는 이유는 지구가 날마다 스스로 한 바퀴씩 돌고 있기 때문이라던데. 대체 우리는 지구가 움직이는 걸 왜 느끼지 못하는 걸까?

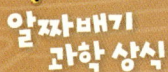

우리는 왜 지구가 움직이는 걸 못 느낄까요?

지구는 하루에 한 바퀴씩 돌아. 그래서 밤과 낮이 생기는 거지. 그런데 우리가 전혀 지구의 움직임을 느끼지 못하는 까닭은 무엇 때문일까?

아주 천천히 움직이기 때문에 그런 것 아닐까요?

지구는 한 시간에 약 1,634km의 빠르기로 돌고 있지. 이 속도는 한 시간 만에 서울과 부산을 2번이나 왕복할 수 있을 정도로 빠른 거리란다.

이렇게 빠른 속도로 도는 데도 불구하고 우리는 왜 지구가 돌고 있다는 걸 느끼지 못할까? 그건 바로 우리도 지구랑 함께 돌고 있기 때문이지.

어떤 물체가 원 운동을 하게 되면 중력에 의해 원의 가운데로 물체를 끌어당기는

힘이 생기게 돼. 바로 이 힘에 의해 주변의 물체도 같은 속도로 원을 그리며 돌게 된단다.
　원 운동을 하고 있는 지구 역시 중력에 의해 표면에 있는 모든 물체를 끌어당기며 돌지. 이때 사람도 지구 표면에 떠 있는 다른 물체와 마찬가지로 중력의 영향을 받게 되는 거야. 그러니까 원 운동과 중력의 힘 덕분에 우리는 지구가 아주 빠른 속도로 자전하고 있음에도 그것을 느끼지 못한단다.

3장
지구의 변화와 자연 현상

01 땅을 파면
땅 밑에는 뭐가 있나요?

02 돌돌이 때문에
지진은 왜 일어나는 걸까요?

03 폭발 직전
백두산 화산이 폭발할 수 있나요?

04 화가 토네이도처럼!
우리나라에는 왜 토네이도가 일어나지 않아요?

05 노란 구름
노란색, 분홍색 구름은 없을까요?

06 철없는 자두
사계절은 우리나라에만 있나요?

07 소원을 이루어 주세요
오로라는 천사가 만든 기적이 아니라고?

[지구의 내부]

땅을 파면

| 9월 13일 수요일 | 날씨 가을볕에 얼굴이 탄 날 |

땅 밑에는 금이나 은, 다이아몬드 같은 보석이 잔뜩 있다고 했다. 나랑 민지는 땅을 파서 부자가 되기로 결심했다. 우리는 열심히 땅을 팠다. 그런데 아무리 땅을 파도 보석은커녕 비슷한 것도 보이지 않았다. 무척 힘들었지만 포기할 수는 없었다. 나는 열심히 땅을 파고, 파고, 또 팠다. 그러다가 갑자기 궁금한 생각이 들었다. 땅속 깊이 들어가면 대체 뭐가 나올까?

알짜배기 과학 상식

땅 밑에는 뭐가 있나요?

 땅을 파고, 파고 또 파면 뭐가 나올까요?

 우리가 서 있는 땅은 지구의 가장 바깥 부분에 해당하지. 실제 지구 속에는 바깥과 아주 다른 모습의 물질들로 채워져 있단다.

마치 달걀이 노른자, 흰자, 껍질로 이루어진 것처럼 지구도 땅 아래엔 전혀 다른 층으로 이루어져 있어. 맨틀과 핵이 바로 지구의 땅속에 들어 있는 것이지.

땅 아래로 깊이 들어가 보면 지각 아래에 맨틀이 나타난단다. 맨틀은 지구 전체 부피의 약 82% 정도를 차지할 만큼 커다란 부분이야.

맨틀 아래쪽에는 철이나 니켈 같은 금속이 뭉쳐 있는 핵이 있어. 핵은 지구가 처음 만들어질 때 무거운 물질들이 아래로 가라앉으며 만들어진 부분이지.

우와~ 지구 안에 저런 게 있었다니!!!

핵은 단단한 금속 덩어리를 액체 금속이 감싸 안고 있는 모양이란다. 딱딱한 부분은 내핵, 액체로 된 부분은 외핵이라고 해.

외핵은 3,700℃~4,300℃나 될 정도로 뜨거워. 그러니 철, 니켈 등 외핵을 이루는 물질은 모두 녹아서 액체 형태가 돼 있지. 하지만 더 깊이 들어가면 내핵이 나타나게 돼. 내핵을 이루는 금속은 아주 딱딱한 상태란다. 내핵의 온도는 외핵보다 높지만 압력이 높아서 금속이 고체 상태로 남아 있는 거지.

지구 내부의 모습
지구의 가장 안쪽부터 내핵, 외핵, 맨틀, 지각이 차곡차곡 쌓여 있어요.

[지진]
돌돌이 때문에

| 9월 14일 목요일 | 날씨 땅이 무섭게 흔들린 날 |

돌돌이가 다이어트를 하겠다며 줄넘기를 하기 시작했다. 그러자 땅이 쿵쿵 울리고 흔들렸다. 우리는 돌돌이가 뛸 때마다 땅이 흔들린다며 막 나무랐다. 돌돌이는 자기가 그런 게 아니라며 억울해 했지만, 우리는 믿지 않았다.

헉, 그런데 돌돌이가 가만히 있는데도 땅이 흔들리기 시작했다. 진짜 지진이 일어나고 있었던 거다! 그런데 지진은 왜 일어나는 걸까?

지진은 왜 일어나는 걸까요?

앗 지각! 헤헤~

우리나라에도 종종 지진이 일어나곤 한단다. 이웃나라 일본처럼 심한 편은 아니지만 절대 안심해서는 안 돼. 우리나라에도 언제 강한 지진이 일어날지 모르니까 말이야.

지진은 왜 일어나는 거예요?

지진이 일어나게 되는 가장 큰 이유는 땅속 깊은 곳에 겹겹이 쌓여 있던 지층이 어떤 힘에 의해 끊어지기 때문이란다. 평소에 이 지층은 균형을 이루고 있지만, 어떤 강한 힘이 작용하면 휘어지고, 뒤틀리게 되지. 바로 그것 때문에 땅이 뒤틀리고, 어긋하고, 어느 한쪽이 위로 올라가는 일이 벌어지는 거란다.

지진 활동은 특정 지역에서 주로 많이 일어나. 지진이 많이 발생하는 지역을 지진대라고 하지.

앗!! 지진이다~!!

태평양 연안이나 지중해 연안, 히말라야 산맥 부근 등이 대표적인 지진대란다. 태평양을 가운데 두고 둥그런 모양을 그리며 지진 발생 지역이 모여 있는 곳을 '환태평양 지진대'라고 부르는데, 지진이 자주 일어나는 일본은 환태평양 지진대에 속해 있어. 바닷속에서 지진이 일어나면 거대한 해일을 일으켜 바닷가 주변 마을을 삼켜 버리기도 하지.
이것을 '쓰나미'라고 한단다.

폭발 직전
[화산]

얘들아, 아빠 왔…. 분위기가 왜 이래? 무슨 일 있어?

쉿, 아빠, 엄마가 지금 백두산 같아.

백두산 같다고? 그게 무슨 뜻이야?

아이 참, 언제 화산이 터질지 모른다고.

왜?

아빠가 숨겨 놓은 비상금을 찾아냈거든.

자, 자두야. 아빠가 급한 볼일이 생겼어. 엄마한테 아빠가 왔다는 거 비밀이다?

동작 그만! 어딜 가려고!

힉, 화산이 폭발한다!

살금.. 살금...

9월 15일 금요일 | 날씨 심상치 않은 구름을 본 날

엄마가 무척 화났다. 아빠가 엄마 몰래 숨겨 둔 비상금을 찾았기 때문이었다. 엄마는 금방이라도 터질 것 같은 화산처럼 위태로워 보였다. 아빠는 그런 것도 모르고 콧노래를 부르며 들어왔다. 나는 아빠한테 귓속말로 엄마가 백두산처럼 곧 폭발할지도 모른다고 얘기해 줬지만 못 알아 차렸다. 아빠는 결국 엄마한테 엄청 혼이 났다. 화난 엄마를 보니 엄청 무서웠다. 만약 백두산이 진짜 폭발한다면 엄마보다 더 무섭겠지?

알짜배기 과학상식

백두산 화산이 폭발할 수 있나요?

> 백두산은 화산이잖아요. 갑자기 폭발할 수도 있나요?

아직도 화산 활동을 하고 있는 화산을 활화산이라고 하고, 예전엔 화산 활동을 했지만 지금은 화산 활동을 하지 않는 화산을 휴화산이라고 하지. 그리고 역사적인 기록으로도 폭발한 적이 없는 화산을 사화산이라고 한단다.

기록에 따르면 백두산은 조선 시대인 1668년과 1702년, 그리고 1903년 폭발을 일으켰다고 해. 백두산은 오래전에 휴화산으로 분류돼 있었지. 하지만 최근 우리나라에 지진이 자주 발생하고

으악~ 폭발한다~!!!

도망가자~!!!

있는 데다가, 화산 폭발의 징조가 하나둘씩 발견됨에 따라서 백두산은 언제든 폭발할 수 있는 위험한 화산이 됐단다.

　수많은 학자들이 백두산을 위험하다고 말하는 이유는 천지의 온도가 갈수록 높아지고 있기 때문이야.

　천지 주변의 온천수 온도는 무려 83℃까지 올라갔단다. 게다가 백두산 주변에는 화산 가스로 인해 식물이 말라 죽는 현상이 자주 발견되고 있어.

　만약 백두산 화산이 폭발하면 1,000℃가 넘는 마그마와 천지의 물이 만나서 엄청난 화산재가 생길 거란다. 그렇게 되면 북한은 물론 우리나라와 중국, 일본, 러시아까지 피해를 입게 될 거야.

그래서 수많은 학자들은 화산 폭발을 대비할 방법을 연구하고 있지.

[토네이도]

화가 토네이도처럼!

9월 16일 토요일 | 날씨 태풍 피해가 없어 다행인 날

텔레비전에서 미국의 상황을 속보로 알렸다. 엄청난 소용돌이를 일으키는 바람인 토네이도가 불어 닥쳤다는 것이었다. 그런데 우리나라는 태풍 말고 토네이도를 본 적이 없다. 나는 왜 그런 건지 몹시 궁금했다. 그래서 엄마랑 아빠한테 물었더니 대답을 해 주지 못하셨다. 엄마랑 아빠는 제대로 아는 게 없는 모양이다. 그런데 왜 우리나라에는 토네이도가 없는 걸까?

알짜배기 과학 상식

우리나라에는 왜 토네이도가 일어나지 않아요?

미국이나 멕시코 같은 나라에서는 토네이도가 일어났다는 소식이 자주 보도되지. 토네이도는 엄청난 회오리바람이란다.

오즈의 마법사에서 도로시 집을 휩쓸어 버린 그 회오리바람을 말하는 거죠?

　토네이도는 바람기둥이 땅에서부터 구름까지 연결돼 있어. 구름 아래쪽에서 보면 깔때기 모양이기 때문에 '깔때기 바람'이라고도 부르지.
　토네이도는 크기에 따라 힘과 속도가 다르단다. 토네이도는 보통 한 시간에 40~80km를 움직일 만큼 빠른 속도의 바람인데다가 엄청난 힘을 갖고 있어.
　토네이도 속에 휩쓸리게 되면 아무리 커다랗고 무거운 물체라도 모두 위로 쑥 날아가게 돼. 그건 바람 안쪽의 기압이 낮아서 공기가 위로 올라가기 때문이란다.

이렇게 강력하고 무서운 토네이도는 무엇 때문에 생기는 것인지 이유가 확실하지 않아. 하지만 지금까지 토네이도가 관찰되지 않은 지역은 남극밖에 없다고 하는구나.

우리나라 역시 1960년대 서울에서 강력한 토네이도가 관측된 적이 있지.

하지만 우리나라는 산이 많은 지형이기 때문에 토네이도가 잘 일어나지 않고, 일어나더라도 주변 지형이 울퉁불퉁해서 금방 사라질 수밖에 없단다.

[구름]
노란 구름

9월 18일 월요일 | 날씨 하얀 구름이 하늘에 둥둥

오늘은 미술 시간에 주변 풍경 그리기를 했다. 선생님은 주변 풍경을 있는 그대로 그려야 한다고 말씀하셨다. 나는 공원의 모습을 그렸다. 그리고 공원 위를 지나가는 구름도 그렸다. 그런데 구름을 그리다 보니 갑자기 궁금한 게 생겼다. 구름은 왜 흰색, 회색, 검은색만 있을까? 노란색, 분홍색, 초록색 구름도 있으면 좋겠다.

알짜배기 과학 상식

왜 노란색, 분홍색 구름은 없을까요?

하늘엔 왜 흰 구름, 먹구름만 있는 건지 모르겠어요. 노란 구름, 핑크 구름, 초록 구름…. 이런 게 있으면 좋을 텐데!

구름은 공기 중에 퍼져 있는 수증기가 하늘로 올라가 물방울이 되면서 만들어지는 것이란다.

    하늘에 떠 있는 구름은 원래 물방울 덩어리라서 아무 색도 없어. 하지만 햇빛 때문에 흰색, 또는 회색 구름이 되거나 검은 빛깔의 먹구름이 되기도 하지. 이렇게 구름의 색이 달라지는 까닭은 구름 속에 들어 있는 물방울 숫자와 관련이 있어.

    빛은 어떤 물체든 부딪히면 그대로 다시 되돌아 나오는 성질이 있지. 그런데 구름이 햇빛을 받으면 그대로 빛이 통과되는 경우도 있고, 각도 때문에 빛이 반사되는 경우도 있어.

구름 속에 물방울이 적게 들어 있으면, 물방울 사이의 간격이 촘촘하지 않아서 수십만 번의 빛 반사가 일어나게 돼. 그래서 우리 눈에는 솜사탕처럼 희고 고운 구름으로 보이는 거란다.

하지만 비가 내리기 직전의 구름 속은 습도가 높은 상태여서 물방울이 좀좀히 뭉쳐 있는 데다가 물방울의 수도 엄청 많아. 그러면 빛이 반사되지 못하고 오히려 안으로 흡수되고 말지. 빛을 흡수한 구름은 바깥에서 보기에 아주 어두운 회색을 띠게 된단다.

[사계절]
철없는 자두

| 9월 19일 화요일 | 날씨 옷 때문에 땀으로 샤워한 날 |

내가 제일 좋아하는 원피스가 있다. 리본이 하늘하늘 달려 있어서 그걸 입으면 마치 공주님처럼 예뻐 보인다. 그런데 그 옷은 겨울에만 입을 수 있다. 몹시 두껍기 때문에 여름에 입었다간 더워서 죽고 말 것이다. 내일은 은희 생일 파티가 있다. 나는 좋아하는 원피스를 입고 가고 싶지만 그럴 수가 없어서 속상하다. 도대체 우리나라는 왜 사계절이 있는 걸까?

알짜배기 과학 상식

사계절은 우리나라에만 있나요?

우리나라는 봄, 여름, 가을, 겨울 사계절이 있는데 다른 나라는 그렇지 않나 봐요.

어느 나라의 기온이 높은가, 낮은가는 태양빛이 얼마나 강하게 비추는지에 달려 있단다.

지구는 자전축을 기준으로 23.5도 기울어져 있단다. 그래서 우리나라처럼 태양 빛을 어떤 때는 강하게 받고, 어떤 때는 약하게 받는 나라는 봄, 여름, 가을, 겨울 사계절이 생기게 돼. 하지만 일 년 내내 태양 빛을 약하게 받는 나라는 기온은 올라가지 않아서 추운 겨울만 있는 거란다. 반대로 태양 빛을 강하게 받는 나라는 일 년 내내 무더운

| 9월 20일 수요일 | 날씨 별이 반짝반짝 빛나는 밤 |

나는 천사들에게 시험에서 백점 맞게 해 달라고 빌었다. 그러자 이게 웬일인가. 갑자기 하늘에 오색 커튼이 드리운 듯 빛이 드리우더니 아름답게 반짝이는 것이다. 나는 천사들이 내 소원을 들어주려는 것이 틀림없다고 믿었다. 나는 천사를 믿고 공부를 하나도 하지 않았다. 그런데 시험을 쳐 보니 이번에도 빵점이었다. 이번엔 천사들이 소원을 들어주려나 싶었더니 잔뜩 기분만 들뜨고 말았다. 내가 보았던 알록달록 고운 빛의 정체는 대체 무엇일까?

알짜배기 과학 상식

오로라는 천사가 만든 기적이 아니라고?

오로라는 빛이 오렌지색, 붉은색, 초록색 커튼처럼 주위를 감싸는 모양이지.

어, 저는 오로라를 본 적이 없는 것 같아요.

우리 주위에선 오로라를 거의 볼 수 없어. 오로라는 북극과 남극 지방에서만 볼 수 있는 현상이라서 북극광 또는 남극광이라고 불린단다.

우~와~ 너무 아름다워~!!!

오로라는 태양에서 뿜어져 나온 전자가 지구로 날아와 공기와 부딪혀 빛을 내는 것이란다. 물체와 물체가 서로 부딪히면 전기가 일어나듯이 전자와 공기가 충돌해 생긴 에너지가 빛을 뿜으며 생겨나는 것이지. 오로라는 색깔이 주황색, 오렌지색, 푸른색, 보라색, 흰색 등으로 아주 다양해.

그런데 오로라가 왜 북극이나 남극 지방에서 주로 생기냐 하면, 극지방의 자기 층이 다른 곳보다 얇기 때문이야. 다른 곳은 자기장이 두꺼워서 태양에서 뿜어져 나온 전자가 뚫고 들어오지 못하지만, 극지방은 쉽게 뚫고 들어올 수 있기 때문에 오로라가 생겨나는 것이지.

오로라는 날씨가 어두울수록, 날씨가 추울수록, 구름이 없고 하늘이 맑을수록 더 쉽게 관찰할 수 있다고 해.

4장 지구와 달

01 크레이터 같은 얼굴
달엔 왜 구멍이 뽕뽕 나 있나요?

02 달의 요정 자두
달에선 뚱뚱한 사람도 가벼워진다고요?

03 살려 주세요!
밀물과 썰물은 왜 생기는 건가요?

04 달이 사라졌어!
태양이랑 달이 사라지기도 하나요?

05 억, 내 얼굴!
달은 왜 모양이 변하나요?

06 따라오지 마
달은 왜 지구 주변을 빙글빙글 도나요?

[달의 표면]

크레이터 같은 얼굴

9월 21일 목요일 | 날씨 아침에는 춥고 점심에는 덥고

얼굴에 뾰루지가 났다. 엄마는 피부과에 가기 전까지는 절대 손대지 말라고 하셨다. 하지만 자꾸 손을 대고 싶어졌다. 신경 쓰여서 견딜 수가 없었던 것이다. 나는 참다못해서 뾰루지를 손으로 짜고 말았다. 그런데 다음 날 아침이 되자 얼굴에 구멍이 뽕뽕 나 있는 것처럼 흉해지고 말았다. 꼭 사진으로 본 달처럼 말이다. 미미는 내 얼굴에 달에 난 구멍인 크레이터가 생겼다며 놀려댔다. 그런데 달에 구멍이 뽕뽕 나 있는 건 왜 그런 거지?

알짜배기 과학 상식

달엔 왜 구멍이 뽕뽕 나 있나요?

선생님, 달 사진을 보면 구멍이 뽕뽕 나 있잖아요. 그건 왜 그런 거예요?

지구도 달과 마찬가지로 땅에 커다란 구덩이나 구멍 같은 것이 나 있지. 지구의 땅에 이런 흔적이 생긴 까닭은 바람이나 빗물 때문이야. 풍화 작용으로 인해 땅이 깎이고 패서 생기는 것이지. 그런데 달에 생기는 구멍은 조금 다르단다.

지구에는 지구를 감싸고 있는 공기층이 있어. 이러한 공기층을 대기권이라고 하는데, 대기권은 태양으로부터 날아오는 해로운 빛이나 우주에서 날아오는 운석을 막는 방패 같은 역할을 해.

하지만 달에는 대기권이 없다 보니 운석이 날아오면 그대로 달 표면에 떨어지고 말지.

헉!! 또야??!

달에 커다란 구멍이 뽕뽕 생기게 된 건 이런 운석들이 날아와 부딪히고, 산산조각 나면서 땅의 흙이 파여 구덩이가 생기고, 여러 가지 자국이 남게 된 거란다.

이렇게 달에 생긴 구덩이를 '크레이터'라고 불러.

달의 앞면에는 지름 1km가 넘는 커다란 크레이터가 30만 개 이상 있다고 하니 얼마나 많은 운석들이 달에 부딪히고 있는지 알 수 있겠지?

달 탐사가 이루어지기 전까지 사람들은 크레이터가 화산 분화구라고 생각했어. 하지만 우주 탐사선이 달 탐사를 시작한 이후 그 구덩이가 운석 충돌 자국이라는 것을 알게 됐지.

[달의 중력]

달의 요정 자두

9월 25일 월요일 | 날씨 보름달이 뜬 날

꿈을 꿨다. 달에서 나는 가장 날씬하고 예쁜 미인으로 뽑혀서 '달의 요정'이 됐다. 나는 일어나자마자 엄마한테 꿈을 이야기해 줬다. 그러자 엄마가 피식 코웃음을 치며 말했다.

"달엔 뚱뚱한 돼지만 있다니?"

그러자 아빠가 자두의 꿈이 일리가 있다고 말씀하셨다. 지구에선 무거운 사람도 달에 가면 가벼워질 수 있다는 것이다. 그런데 달에 가면 왜 몸무게가 확 줄어드는 걸까?

알짜배기 과학 상식

달에선 뚱뚱한 사람도 가벼워진다고요?

우주인들이 달을 탐험하는 걸 보면 엄청 무거운 우주복을 입고 아주 가볍게 움직이잖아요. 달에 가면 힘이 세지는 걸까요?

달의 중력은 지구의 중력과는 달라. 지구에선 아주 무거운 것도 달에선 가볍게 느껴진단다.

　달은 지구 주위를 돌고 있는 지구의 위성이지. 위성이란 행성의 힘에 끌려 행성 주위를 도는 천체를 말하는 거야. 위성은 보통 행성 크기에 비해 아주 작아.
　달은 지구 크기의 4분의 1 정도란다. 이렇게 작고 가벼운 위성인 달에서는 지구에서와 다른 중력이 작용한단다. 크기도 작고 무게도 적게 나가기 때문에

중력도 줄어드는 거지.

　달의 중력은 지구 중력의 약 6분의 1밖에 되지 않아. 중력이 작다는 것은 아래에서 끌어당기는 힘이 약하다는 뜻이지. 즉, 같은 물건이라도 중력이 작은 곳에서 들면 훨씬 가볍단다.

　실제로 지구에서 쌀 한 가마니를 들려면 천하장사의 힘이 필요하지만 달에서는 초등학교 고학년 학생도 들 수 있어. 달에서는 높이뛰기도 훨씬 잘할 수 있고, 공도 멀리 던질 수 있지.

[밀물과 썰물]

살려 주세요!

| 9월 26일 화요일 | 날씨 밀물과 썰물의 차이가 가장 큰 날 |

우리 가족은 갯벌에 조개를 주우러 갔다. 삽으로 땅을 팔 때마다 조개가 한가득 나왔다. 나는 조개를 많이 주워서 조개 장사를 해야겠다고 생각했다. 그러면 금방 부자가 될 것 같다. 그런데 조개를 줍다 보니 어느새 밀물 시간이 되고 말았다. 조금 전까지만 해도 저 멀리 있던 바닷물이 코앞까지 쳐들어온 것이다. 빠져 죽을 뻔했다! 그런데 밀물과 썰물은 왜 생기는 걸까?

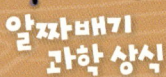

밀물과 썰물은 왜 생기는 건가요?

갯벌에서 신나게 조개를 줍고 있었는데 갑자기 바닷물이 밀려와서 도망치듯 빠져나왔어요.

모든 바닷가는 하루 두 번 밀물과 썰물이 일어나지. 수심이 얕고 갯벌이 넓게 펼쳐져 있는 서해안에서는 밀물과 썰물 현상을 쉽게 확인할 수 있어.

밀물과 썰물은 달과 태양의 만유인력 때문에 생기는 현상이란다.

'만유인력'은 물체가 서로 끌어당기는 힘을 말해. 지구는 태양의 만유인력 때문에 태양 주위를, 달은 지구의 만유인력 때문에 지구의 주위를 돌고 있거든.

그런데 사실 달도 만유인력으로 지구 표면에 떠 있는 바닷물을 끌어당길 수는 있지.

미안~ 내가 바닷물을 당기고 있으니 얼른 나가렴~

달은 한 달 동안 지구를 한 바퀴 돌고, 지구는 스스로 매일 한 바퀴 돌잖니. 그 사이, 지구의 어느 쪽이든 반드시 달과 마주하게 돼 있단다.

지구가 달을 지나칠 때 가장 가까운 거리에 있는 바닷가는 만유인력 때문에 물이 모이게 되는 밀물 현상이 일어나. 밀물이 일어난 반대편 지구에서는 어떤 일이 일어날까? 이걸 알고 싶으면 큰 그릇에 물을 담은 후 한쪽으로 물을 기울여 보렴. 그럼 물이 한곳으로 모이면, 다른 한쪽의 물이 없어지게 되는 것을 볼 수 있을 거야.

바닷물도 마찬가지이지. 밀물이 일어난 곳으로 물이 모이면 그 옆 바다는 물이 빠지게 되는데, 그 현상을 썰물이라고 한단다.

얘들아 얼른 나가자!!! 밀물때라 바닷물이 밀려오고 있어!

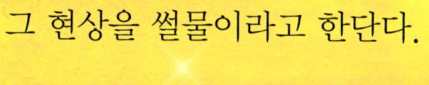

헉!! 어느새 물이찼네!!

[월식]

달이 사라졌어!

| 9월 27일 수요일 | 날씨 달이 지구 뒤에 숨은 날 |

미미랑 길을 걷고 있었다. 그런데 갑자기 하늘에 떠 있던 동그란 달이 사라져 버렸다. 나는 너무 놀라서 달을 찾아 두리번거렸다. 아무리 찾아봐도 달은 보이지 않았다. 나랑 미미는 달을 찾으려고 여기저기 뛰어다녔다. 그런데 아빠는 오늘이 월식이라 달이 잠깐 보이지 않았을 뿐이라고 하셨다. 세상엔 태양이 사라지는 날도 있고 달이 사라지는 날도 있다는데, 왜 그런 걸까?

알짜배기 과학 상식

태양이랑 달이 사라지기도 하나요?

태양이 보이지 않는 날도 있고, 달이 보이지 않는 날도 있잖아요. 태양이랑 달이 갑자기 사라지기도 하는 건가요?

실제로 해와 달은 사라지지 않아. 다만 해와 지구, 달의 위치가 바뀜으로 인해서 갑자기 사라진 것처럼 보일 수도 있지.

몇 달에 한 번 태양과 달, 지구가 일직선에 놓일 때가 있단다. 원래 태양, 달, 지구가 엇갈려 있어야만 낮에는 태양이, 밤에는 달이 보이게 돼.

그런데 이 셋이 일직선에 놓이게 되면 태양과 지구, 달이 어떻게 놓여 있느냐에 따라 태양이 안 보이기도 하고 달이 안 보이기도 한단다.

태양과 달 지구 순으로 놓이면 지구에서는 태양의 모습을 볼 수 없어.

이렇게 달에 가려서 하늘에서 태양이 보이지 않게 되는 현상을 '일식'이라고 해.

또 태양과 지구, 달이 한 줄로 설 때는 반대로 달이 보이지 않아. 물체 뒤에서 빛을 비추면 앞쪽으로 그림자가 생기는데, 태양, 지구, 달이 일직선에 놓이게 되면 태양이 지구의 그림자를 만들어 달을 가리게 되는 거야. 지구에서는 달이 사라진 것처럼 보이는 것을 '월식'이라고 한단다.

[달의 변화]

억, 내 얼굴!

"오호, 살이 빠져서 홀쭉해졌는데?"

"으, 며칠 사이에 살이 좀 쪘나? 얼굴이 제법 통통해진 것 같은데."

"으악, 얼굴이 너무 동그래지고 말았어! 다시 다이어트!"

"언니, 언니 얼굴은 아무래도 달인가 봐. 한 달에 몇 번이 바뀌는 거야? 크크크!"

9월 28일 목요일 | 날씨 하늘은 높고 나는 살찌고

나는 밤하늘에 떠 있는 초승달처럼 갸름한 얼굴이 됐으면 좋겠다고 생각했다. 초승달처럼 날렵한 V라인이 되면 사진도 엄청 잘 찍힐 텐데. 그래서 밤마다 달을 보며 열심히 소원을 빌었다.

"달님, 달님, 제 얼굴도 달님처럼 V라인이 되게 해 주세요!"

나는 다이어트도 열심히 했다. 그런데 이게 웬일인가! 달님의 V라인이 사라지고 반쪽이 된 게 아닌가? 나머지 반쪽이 어디로 갔지? 달은 왜 모양이 변하지?

환하게 빛나고 있어. 스스로 빛을 내지 못하는 달이 어떻게 그런 빛을 내는 것인지 궁금하지 않니? 달이 빛을 내는 건 바로 태양 때문이란다.

태양의 햇빛은 지구에 닿기도 하고, 동시에 달에 닿기도 한단다. 그런데 이 빛이 표면에 부딪혀 반사되기 때문에 마치 스스로 빛을 내는 것처럼 보이는 거야.

달이 지구를 한 바퀴 뱅글뱅글 도는 데 걸리는 시간은 약 28일이란다. 이렇게 달의 위치가 바뀔 때마다 햇빛을 받는 각도가 달라지게 돼. 그래서 어떤 때는 보름달 모양이 되고, 어떤 때는 초승달, 어떤 때는 그믐달 모양이 되는 것처럼 보이는 거란다.

[지구와 달]

따라오지 마

9월 29일 금요일 | 날씨 날씨도 한가위만 같아라!

우리가 매일 달을 볼 수 있는 까닭은 달이 지구를 따라다니기 때문이라고 한다. 내가 좋아하는 강아지 해피도 주인 뒤만 졸졸 따라다닌다. 달도 해피처럼 지구가 좋아서 따라다니는 걸까? 무려 40억 년 동안이나 따라다녔으면 질릴 수도 있을 텐데. 아무래도 지구한테는 엄청난 매력이 있나 보다. 그러니 달이 계속 따라다니지. 도대체 달은 왜 지구를 그렇게 따라다니는 걸까?

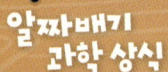

달은 왜 지구 주변을 빙글빙글 도나요?

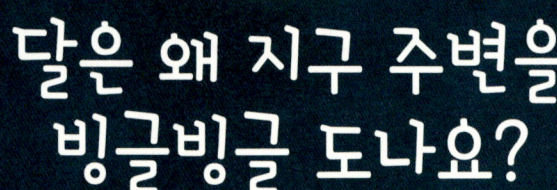

달은 지구를 엄청 좋아하나 봐요. 지구 주변만 빙글빙글 돌잖아요.

그래, 달은 항상 지구 주변을 빙글빙글 돌고 있지. 그건 지구가 달을 끌어당기는 힘 때문이란다.

달은 지구가 만들어지고 약 5~6억 년 후에 만들어졌어. 어떤 학자들은 원시 지구가 만들어질 때, 지구의 한쪽이 원심력 때문에 떨어져 나가 달이 된 게 아닐까 하고 생각하고 있어. 또 다른 학자들은 태양계가 처음 만들어질 때 지구 옆에서 달도 함께 만들어졌다고 말하기도 하지. 어떤 방법으로 달이 만들어졌든, 달은 지구와 가장 가까운 거리에 있는 우주 천체란다.

우리가 태양을 돌고 있는 것처럼 달은 지구 주위를 돌고 있지. 어떤 별에서 떨어지지 않고 그 별 주위만 도는 천체를 위성이라고 해. 그러니까 달은 지구의 위성이야.

달이 지구에서 멀어지지 못하는 것은 지구가 달을 끌어당기는 힘이 크기 때문이라고 했잖니.

지구는 그렇게 강한 힘으로 달을 끌어당겨서 멀리 도망갈 수 없게 하는 거란다. 그러니 지난 40억 년 동안 달은 지구 주위를 변함없이 돌고 있는 거야.

안녕 자두야 놀면서 똑똑해지는 두뇌개발 시리즈

단계별로 4×4, 6×6, 9×9 스도쿠 기초 230문제, 기본 200문제 수록!

자두가 친절하게 설명해 주는 스도쿠 풀이법이 담겨 있어요!

① 안녕 자두야 스도쿠 기초
② 안녕 자두야 스도쿠 기본

수수께끼 숨은그림찾기로 집중력을 키워 주세요!

아이들의 두뇌개발에 아주 큰 도움이 되는 신개념 놀이책입니다!

① 상상력이 팡팡 터지는 수수께끼 숨은그림찾기
② 창의력이 빵빵 터지는 수수께끼 숨은그림찾기
③ 사고력이 쑥쑥 자라는 수수께끼 숨은그림찾기

공부 두뇌가 빵 터지는 교과서 놀이!

재미있는 문제에 놀이가 더해져 아이들이 잠시도 한눈을 팔 수 없게 만든 학습 놀이책입니다

① 공부 두뇌가 빵 터지는 수학놀이
② 공부 두뇌가 빵 터지는 과학놀이

※가까운 서점 및 마트, 인터넷 서점에 있습니다. ※문의: 02-828-896